Elogios para *Mecida por esqueletos*

"En todos sus muchos idiomas y a través de estas oraciones y sermones disfrazados de poemas, Marta envuelve en sus alas las víctimas de la violencia doméstica, el adicto, y todos y cada uno de nosotros quebrantados, viendo solo *familia* en los rostros de los desposeídos.

"En poemas bien elaborados y de gran corazón como *Adicción, Oración de justicia social, y Cómo comer una granada*, nos muestra lo que significa dejar este lugar mejor de lo que lo encontramos, amar sin restricciones, unir cada injusticia el uno al otro en más que solo palabras.

"Agradecemos a los antepasados por regalarnos a una poeta maestra sanadora que escupiría en la sopa del maestro para salvarnos a todos. Hemos sobrevivido un pasado gobernado por todo lo hetero, blanco y masculino. Marta nos ha dejado pruebas de que *el futuro es* [de hecho] *femenino, moreno y queer...* "

—FRANK X WALKER, Poeta Laureado de Kentucky 2013–2015 y autor de
Last Will, Last Testament

"En *Mecida por esqueletos,* Marta Miranda-Straub ofrece a sus lectores una cápsula del tiempo de poemas y ensayos rebosantes de preciosas escenas, fragancias, y voces que se extienden desde Cuba hasta los Apalaches. Absorber la vida de Marta como una autoproclamada mujer *de color queer/ una afrocaribeña/una refugiada política* se siente como un trabajo sagrado, donde somos testigos de mujeres que intercambian velos por ametralladoras, cabezas de cobre que se estiran en el sol en las montañas, momentos donde las vidas de las personas y los Orishas están obligadas a cruzarse, y otras donde la oración y el activismo chocan en nombre del colectivo. La mayor fortaleza de Marta es que su voz sigue siendo inclusiva, cálida y vibrante, por mucho que exhorta a sus lectores a no apartar la vista de su dolor. En la

tradición de su padre y su linaje chamánico, Marta también sirve como una especie de hueso hueco, invitándonos no solo a leer, sino a quedarnos, panza a panza, para saborear, compartir, respirar."

—BIANCA LYNNE SPRIGGS, Poeta Affrilachian y autora de *Black Mermaid*

"La interseccionalidad es una palabra de moda en estos días, pero Marta Miranda-Straub no solo aboga por ella: ella la encarna. Originaria de Cuba, se hace llamar Cubalachian, habiendo vivido en las montañas de Kentucky y aliada con los Poetas Affrilachian. En *Mecida por esqueletos*, articula su experiencia como mujer de color queer, feminista, inmigrante / refugiada, trabajadora social y trabajadora por la justicia social. Ella habla por los sin voz, evocando el espíritu comunitario de justicia. A pesar de los horrores que ha presenciado, su visión es de esperanza, comprometida al cambio. Cuando nombra la verdadera agenda de la administración actual como *Haga que América sea Blanco de nuevo*, nos sorprende con su claridad y coraje."

—GEORGE ELLA LYON, Poeta Laureada de Kentucky 2015-2016 y autora de *Many-Storied House*

"Carol Hanisch nos enseñó la verdad de que lo personal es político. Audre Lorde y Gloria Anzaldúa nos enseñaron que a veces necesitamos hablar en múltiples voces y múltiples géneros, que no hay otra manera de servir como testigo del mundo y dar voz al concierto de seres que podamos contener. Lorde además nos enseñó que hay que transformar el silencio en acción y autorrevelación. Hanisch, Anzaldúa, Lorde, estas tres hermanas y más, muchas más, se paran con Miranda-Straub mientras canta sus historias en verso y prosa. Pongámonos a su lado y cantemos."

—JEREMY PADEN, author de *Prison Recipes* y *ruina montium*.

MECIDA
POR ESQUELETOS

CRADLED
BY SKELETONS

MECIDA
POR ESQUELETOS

una vida en poemas y ensayos

CRADLED
BY SKELETONS

A Life in Poems and Essays

MARTA MIRANDA-STRAUB

Shadelandhouse Modern Press
Lexington, Kentucky

A Shadelandhouse Modern Press book

Cradled by Skeletons
A Life in Poems and Essays

"Social Justice Prayer" appeared in an earlier version in *Black Bone* (University Press of Kentucky, 2018).

"Mountain Song/Kentucky Woman" words and music by Holly Near, Copyright 1978. All rights reserved. "I have dreamed on this mountain
Since first I was my mother's daughter...
you can't just take my dreams away, without me fighting." Quoted in "Cubalachian" with permission.

For information about permission to reproduce selections from this book, please direct written inquiry to Permissions, Shadelandhouse Modern Press, LLC,
P.O. Box 910913, Lexington, KY 40591, or email smpbooks.com.

Published in the United States by:

  Shadelandhouse Modern Press, LLC
  Lexington, Kentucky
  smpbooks.com

Shadelandhouse, Shadelandhouse Modern Press, and the colophon are trademarks of Shadelandhouse Modern Press, LLC.

First edition, bilingual (English and Spanish), 2019, revised 2023

LCCN 2019942449
ISBN 978-1-945049-14-9 (paperback); 978-1-945049-39-2 (eBook)

Printed and manufactured in the United States of America
Book design: Benjamin Jenkins
Cover concept: Kiera Hall, Persist Creative
Cover design: Benjamin Jenkins
Production editor: Stephanie P. Underwood

*For my parents, Anastasio and Nilda, who had the
courage and selflessness to leave Cuba and to request
political asylum in the United States. Their sacrifice
has given us the opportunity for life, liberty, and the
pursuit of happiness.
Due to their sacrifice, we have been born as a new
generation of successful Mirandas.*

*Para mis padres, Anastasio y Nilda, quienes tuvieron
el coraje y la abnegación de salir de Cuba y solicitar
asilo político en los Estados Unidos; Su sacrificio nos
ha dado la oportunidad a la vida, la libertad y la
búsqueda de la felicidad.
Debido a su sacrificio, hemos nacido una nueva
generación de Mirandas exitosos.*

Here at our sea-washed, sunset gates shall stand
A mighty woman with a torch, whose flame
Is the imprisoned lightning, and her name
Mother of Exiles.

—Emma Lazarus, from *The New Colossus*

Aquí en nuestras puertas del atardecer, bañadas por
el mar, se levantará
Una mujer poderosa con una antorcha, cuya llama
Es el rayo preso, y su nombre
Madre de los exiliados.

—Emma Lazarus, extracto de *El Nuevo Coloso*

ÍNDICE

CONTENTS

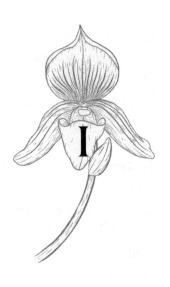

La cuna

10 de marzo 1954

La pared de cemento fría brilla un azul fluorescente pálido;
desinfectante fuerte obstruye la nariz. Instrumentos quirúrgicos
    enfriados
esperan quietos sobre un carrito de acero mientras se lo lleva
    hacia las manos enguantadas del cirujano.
Sus cuchillos cortan la piel produciendo sangre y grasa.
La mujer comatosa descansa sobre las gastadas sábanas militares de
    rayas verdes.

Espero. Esperando la vida. Temiendo la muerte. Rezando por un
    milagro.
Por favor Dios, guíe las manos de este cirujano.

El cadáver de mi niña está liberado. Y lloro.
Lloro por mi abatida esposa. Lamento
 la pérdida de nuestra primera hija.
La de ambas sería
demasiado para mí.

"Podemos intentar de nuevo." La calma oculta mi angustia.
"Vive, por favor."

The Cradle

March 10, 1954

The cold cement wall glows a fluorescent pale blue;
strong disinfectant clogs the nostrils. Chilled surgical instruments
lie still on the steel cart as it is wheeled toward the surgeon's gloved
   hands.
His knives cut skin, yielding blood and fat.
The comatose woman rests on worn green-striped military sheets.

I wait. Hoping for life. Fearing death. Praying for a miracle.
Please God guide this surgeon's hands.

My baby girl's corpse is freed. And I sob.
I sob for my despondent wife. Mourn
the loss of our first child.
The death of them both
would be too much for me to bear.

"We can try again." Calmness masks my distress.
"Live, please."

Dios, cose alas en el cuerpo frío y quieto de mi bebé,
para que pueda levantarse de esta llegada no bienvenida.

"¿Puedo mecerla, por favor? Déjame tocar su cara antes de que se vaya."

****

"Sostengo esta barriga llena de fluidos para que puedas nadar hermanita.
No es mi momento, pero es tuyo. Mi propósito es mantener este vientre lleno
para que puedas prosperar lo suficiente hasta que el aliento de vida llene tus pulmones.
La oscuridad tóxica es tu cuna; el don de la vida es mío para darte.

"A medida que mi aliento disminuye, el tuyo se acelerará.
A medida que mi barriga se llena de fluido, tu corazón bombeará sangre.

"Mi trabajo es engañarlos lo suficiente para que puedas sobrevivir a tu nacimiento.

"Siempre recuerda que tu hermana mayor te está cuidando.
Respira, bate, nada, estira, agarra, traga.
Tu tiempo es ahora."

Una guerrera nace.

Amén.

God, stitch wings on my baby girl's cold and still body,
so that she can rise from this unwelcome homecoming.

"May I rock her, please? Let me touch her face before she's gone."

****

"I hold this belly full of fluids so that you can swim baby sister.
It is not my time, but it is yours. My purpose is to keep this womb full
so that you can thrive long enough to have the breath-of-life fill your
   lungs.
The toxic darkness is your cradle; the gift of life is mine to give you.

"As my breath slows, yours will quicken.
As my belly fills with liquid, your heart will pump blood.

"My job is to trick them long enough for you to survive your birth.

"Always remember that your big sister is watching out for you.
Breathe, beat, swim, stretch, grasp, swallow.
Your time is now."

A warrior is born.

Amen.

La Cena

Abuelita tritura cáscara de naranja verde en el azúcar marrón
   derretido
mientras agita la todavía caliente leche de vaca fresca y espumosa
en una mezcla gomosa.

El olor de caña, huevos, y leche condensada quemando perfuma
   su cocina.
Azulejos rojos rodean a la estufa y un joven árbol de café rojo y
   amargo
enmarca el fregadero de porcelana agrietada.

Los quemadores de gas están llenos y brillantes,
y coloca su choquito junto a la estufa.
"Este dulce va a tomar ambas manos," dice.
La leche cortada comienza a hervir mientras miro por encima de su
   delantal
y el principio del tesoro que voy a llevar conmigo a América.

En un papel marrón sostengo el calor de mi infancia
mientras cruzamos el océano hacia un lugar frío y desconocido.
Llevo el calor y la dulzura de Abuelita cerca de mi pecho.
Me asusto y doy un pequeño mordisco.
Hago que el tesoro dure hasta la Nueva Jersey.

The Feast

Abuelita grinds green orange peels into melted brown sugar
as she stirs the hot frothy cow's milk
into a gummy mixture.

The smell of sugar cane, eggs, and condensed milk burning perfumes
    her kitchen.
Red tiles line the stove and a young red bitter coffee bean tree
lines the cracked porcelain sink.

The gas burners are full and bright,
and she places her *choquito* by the side of the stove.
"This *dulce leche* is going to take both hands," she says.
The curdled milk begins to boil as I peak over her worn apron
and the beginning of the treasure I am to carry to America.

In a brown paper bag I hold the warmth of my childhood
as I cross the ocean to a cold and unknown place.
I carry *Abuelita's* warmth and sweetness close to my sprouting chest.
I get scared and I take a small bite.
I make the treasure last all the way to *Nueva Jersey*.

En Miami, Papi, de buen humor y canoso, construye un horno
en la tierra con gran detalle. Forra la plancha con hojas de plátano;
exprime ajo y jugo de naranjas verdes sobre el cerdo partido.
Prende un cigarro y acompaña el cerdo por 24 horas,
vigilando al lechón para cuero agrietado prematuro, enganchando
a las patas para poner más mojo, para regar y, claro, para probar.

Son las seis de la mañana antes de que mi café con leche esté caliente.
    Vengo a visitar al altar.
Es el 24 de diciembre y mi hermoso papi parte la cola del invitado
    de honor
y me da un desayuno de Noche Buena. Soy su niña bonita, su favorita.

Él y yo nos sentamos, riéndonos, dando el bienvenido al sol,
saboreando el ajo, los cítricos, y el lechón,
disfrutando del milagro de nuestro vida juntos.

In Miami, a gray-haired good-humored papi builds an oven
on the ground with great detail. He lines the griddle with plantain
   leaves;
he squeezes green garlic and orange juice over a split pig.
He lights a cigar and accompanies the pig for 24 hours,
watching the roast for the signs of cracked skin, bending
the legs to add more mojo, to baste and, of course, to taste.

It's 6 a.m. before my *café con leche* is warm. I come to visit the shrine.
It is December 24th, and my beautiful *papi* splits the tail of the
   honored guest
and feeds me Christmas Eve breakfast. I am his *niña bonita,*
   his favorite.

He and I sit, giggling, welcoming the sun,
savoring the garlic, citrus, and pork,
reveling in the miracle of our life together.

Cuatro pavos a Ridgefield

En una escalofriante tarde de noviembre en Union City, Nueva Jersey, una familia de inmigrantes recién llegados lleva con orgullo sus donaciones de Caridades Católicas.

La mujer mayor lleva un abrigo de piel sintética de leopardo y porta una cartera de plástico negro brillante. Unas botas acolchonadas viejas se ven debajo de su falda de lana dorada como si fuera la otra parte del leopardo que llevaba.

El hombre pesado de edad mediana luce un enorme cabello negro y un bronceado permanente de trabajar al aire libre. Lleva una chaqueta verde de cazadora y un sombrero negro peludo ruso. Habla con sus manos mientras intenta pronunciar las palabras en inglés que sus hijos le están enseñando para comunicarse con el conductor del autobús. Su esposa sonríe mientras el hombre y sus hijos sostienen sus estómagos con risa, mientras intenta pronunciar *cuatro personas a Ridgefield*. Él se frustra con ellos y finalmente dice, "Chit."

El más joven, Jorgito, es un niño y para ir de visitas hoy usa un traje marrón cuyas mangas son demasiado largas para sus brazos huesudos y una corbata de gancho. La niña mayor, Martica, tiene medias blancas que son demasiado pequeñas para ella— las bragas andan por el medio de su muslo— pero ella quiere usar

Four Turkeys to Ridgefield

On a chilly November afternoon in Union City, New Jersey, a newly arrived immigrant family wears Catholic Charities donations with pride.

The older woman wears a faux leopard fur coat and carries a shiny black plastic purse. Old looking puffy boots show underneath her deep gold woolen skirt as if they were the other part of the leopard she was wearing.

The middle-aged heavyset man sports massive black hair and a permanent suntan from working outdoors. He wears a hunter green jacket and a black furry Russian hat. He talks with his hands as he attempts to pronounce the English words that his children are teaching him so that he will be able to communicate with the bus driver. His wife cracks a smile while the man and his children hold their bellies with laughter as he attempts to pronounce *Four people to Ridgefield*. But he gets frustrated with them and finally says, "Chit."

The youngest, Jorgito, is a boy and for going visiting today he wears a brown suit with sleeves too long for his bony arms and a clip-on tie. The oldest, Martica, has on white tights that are too small for her—the panties midway down her thighs—but she wants to wear

medias y no las dejaría por los calcetines de pompón que la abuelita la había tejido para que se mantuviera abrigada. Lleva una falda escocesa a cuadros rojo / gris con un largo alfiler dorado. Su mayor tesoro es un sombrero de fieltro rojo que la dama del sótano de la Torre de la Libertad la dejaba llevar porque iba a Nueva Jersey.

Es el Día de Acción de Gracias, y suben al autobús que los llevará a su primera cena de peregrinos, cerca de la fábrica donde trabajan los padres. El conductor del autobús se detiene, y el hombre mayor, con mucho orgullo, responde cuando le pregunta "¿a dónde vas?", con confianza y en voz alta, "Cuatro pavos a Ridgefield."

the tights, and she would not give them up for the pom-pom socks that her *abuelita* knitted for her to keep her warm. She is wearing a red-and-gray plaid Scottish skirt with a long golden pin. Her most prized possession is a red felt hat that the lady at the Freedom Tower basement let her keep because she was going to *Nueva Jersey*.

It is Thanksgiving, and they step onto the bus that will take them to their first Pilgrim supper, close to the factory where the parents work. The bus driver pulls up, and the older man feeling very proud, responds when asked, "Where are you going?" He confidently and loudly states, "Four turkeys to Ridgefield."

El príncipe era una rana

Su perfil romano cortó los espacios en los que entró.
Su actitud distante pinchó conversaciones, mientras ojos curiosos
notaron su silencio.

Su cuerpo cincelado y cuidado seducía bajo su capa a medida
encerrando el tesoro que todas deseábamos.
La chica gordita avergonzada por su deseo
se atrevió a romperle la mirada.

Su cuello se torció. Sus labios se curvaron
en una sonrisa deliciosa y descarada.
Caminó lentamente hacia ella, tomando sus libros.
Las aceras a casa fueron pavimentadas con nubes,
el aire fresco y frío silbó su nombre, la nieve se separó.
El príncipe y yo nos convertimos en mi cuento de hadas.

Como se acercaba la boda real,
surgieron acusaciones y dominancia
de su lengua arrojada.
Su ira justo debajo de su abrazo—
la gama completa de su necesidad se hizo evidente.

The Prince Was a Frog

His Roman profile severed the spaces he entered.
His aloofness punctured conversations, while curious eyes
took notice of his silence.

His chiseled and manicured body seduced under his tailored cloak
encasing the treasure we all desired.
The heavy teenage girl embarrassed by her want
dared to break his gaze.

His neck twisted. His lips curved
into a luscious and sassy grin.
He slowly walked toward her, taking her books.
The sidewalks home were paved with clouds,
the cold brisk air whistled his name, the snow parted.
The prince and I became my fairytale.

As the royal wedding neared,
accusations and dominance emerged
from his spewing tongue.
His anger surfaced just below his embrace—
the full range of his need became evident.

Sin consideración reclamó su dote
Con el regocijo de un marinero borracho, se quedó mirando
las gotas de sangre sobre las sábanas blancas.

En su entumecimiento ella fue testigo a la desaparición de él:

la corona en su cabeza se derrumbó,
su esqueleto se desplomó cayendo,
su ropa italiana cayó al suelo de cerámica,
su piel se volvió húmeda y comida por polillas.

Ese día la princesa aprendió que
feliz para siempre era una ilusión patriarcal
diseñada para apropiarse de lo femenino,
y decidió que su destino
era solo *suyo* para escribir.

Without regard he claimed his dowry
With the glee of a drunken sailor, he stared
at the blood drops on the white sheets.

In her numbness she witnessed his demise:

the crown on his head crumbled,
his skeleton collapsed,
his Italian cloth dropped onto the ceramic floor,
his skin became damp and mothy.

That day the princess learned
happily ever after was a patriarchal delusion
designed to appropriate the feminine,
and she decided that her destiny
was only *hers* to write.

Adicción

Arreglaste las marcas de quemaduras en mi espalda,
las palmadas en mi cara.
Calmaste mi tabique desarticulado. Y meciste
a mi bebé con cólicos. Les diste ritmo a mis caderas congeladas
después de que él tomó mi virginidad sin mi permiso.
Engrasaste mis huesos para que yo pudiera bailar con abandono.

Permitiste que mi aliento volviera a mi barriga.
Trajiste risitas y carcajadas.
Jugaste el papel de mi coraje y me diste confianza.
Derretiste las incesantes microagresiones vertidas en mi psique cada
    diá.
Abriste mi dolorosa mandíbula y me ayudaste a reclamar mi voz.

Con el paso del tiempo, te convertiste en un captor
exigente e implacable. Secuestraste mi libertad.
Tu envidia se convirtió en mi prisión.

Me desperté con vergüenza corriendo por mi brazo,
con gotas de sangre contaminando mi medicina.
Johnny Walker perdió su brillo,
el ron ya no me recordaba a la caña de azúcar,
y Rémy Martin coñac ya no era sofisticado.

Addiction

You mended the burn marks on my back,
the slaps across my face.
You soothed my disjointed septum. And you rocked
my colicky infant. You gave rhythm to my frozen hips
after he took my virginity without my permission.
You greased my bones so that I could dance with abandon.

You allowed my breath to return to my belly.
You brought back giggles and laughter.
You stood in for my courage and gave me confidence.
You melted the incessant microaggressions poured on my psyche
    daily.
You unlocked my aching jaw and helped me claim my voice.

As time passed, you became a demanding
and unforgiving captor. You abducted my freedom.
Your jealousy became my prison.

I woke to shame running down my arm,
and drops of blood contaminating my medicine.
Johnny Walker lost its luster,
rum no longer reminded me of sugar cane,
and Rémy Martin cognac was no longer sophisticated.

A menudo caí de rodillas al montar a caballo.
Perdí mi visíon por peyote, y
La nieve blanca pura se volvió en oscuridad.

Después de 37 años de despedidas curativas
todavía estoy aquí, recuperándome
de su traición *brutal*.

I often fell to my knees when riding horse.
I lost my vision from peyote, and
the pure white snow turned to darkness.

After 37 years of healing goodbyes
I am still here, recovering
from your *brutal* betrayal.

Cuando los ancestros llaman

Mejor que te despiertes escuches y levantes
escucha al alma del esclavo cuya garganta está apretada
por la cuerda blanca del odio.

El sudor de su frente chorrea por su mandíbula afilada
un torrente de sangre sube al cerebro
entumeciendo el dolor en la espalda
por la picadura de las quemaduras en su piel de ónice
misericordia.

Su alma; está despierta.
Recuerda haz recordar y retrocede.

Trae
la náusea, el dolor molesto
a la conciencia del hombre blanco quien se olvidó
que la *humanidad* es colorida y que *variedad* es el orden natural de la
    vida.
Demanda *justicia respeto reparaciones*.

Escucha la misoginia en el hip-hop
escucha el ritmo en el rap
escucha los tambores de los ancianos,
ensordeciendo las calles de la ciudad, haciéndonos avergonzarnos.

When ancestors call

You better wake up listen up and stand up
listen to the soul of the slave whose throat is being squeezed
by the white rope of hate.

The sweat of his brow runs down his sharp jawbone
his blood gushes up to his brain
numbing the ache on his back
from the sting of the burns on his onyx skin
mercy.

His soul is awake; you must be awake.
Remember remind and rewind.

Bring
the nausea, the nagging ache
to the consciousness of the white man who *forgot*
that *humanity* is colorful and that *difference* is the natural order of
   life.
Demand *justice respect amends.*

Listen to the misogyny in hip-hop
listen to the beat in rap
listen to the drums of the elders,
deafening the city streets, making us squirm.

¿Es esto lo que queda de nuestro pasado?
¿Son estos los restos de nuestras vidas ricas y matizadas?
¿Nuestra historia destruida en el holocausto negro?
¿Nuestros jóvenes agarrando al poder?
¿El odio brotando por sus afilados y brillantes dientes de oro?
Misericordia.

Cuando los ancestros llaman
Yo...yo escucho el grito mudo de mi mamá siendo violada en el piso
   del baño
sus caderas apretadas sosteniendo su dignidad.
Él la roba. Él empuja. Él penetra con su poder
liberando su cobardía, vindicando su impotencia en suelo oscuro de
   su vientre.

Despiértate levántate recuerda haz recordar retrocede escucha.

Ahh, ay, ay, shoosh, ay, shoosh
Changó, Oya, Ochun, Elegua, Obatala

Is this what is left of our past?
Are these the ruminants of our rich and textured lives?
Our story destroyed in the black holocaust?
Our young grasping for power?
The hate gushing out through their sharp and shiny gold teeth?
Mercy.

When the ancestors call
I...I hear the silent cry of my mamma being raped on the washroom
    floor
her tightening hips holding her dignity.
He steals her. He thrusts. He penetrates with his power
releasing his cowardice, vindicating his impotence on the dark soil of
    her womb.

Wake up stand up remember remind rewind listen.

Ahh, ay, ay, shoosh, ay, shoosh
Changó, Oya, Ochun, Elegua, Obatala

Un día en la vida

Me inclino descuidadamente en el marco de la puerta trasera, mi mano izquierda sosteniendo un teléfono y mi mano derecha gesticulando con el chasquido de castañuelas agarrando el aire en recuerdo gitano.

Al mirar la pila de madera, veo que la corteza marrón del tronco tiene una curva ondulada a medida que se arrastra sobre sí misma. ¡Este leño está vivo—y tiene una lengua silbante! Su parte media es del tamaño de un dólar de plata.

Reviso para ver si tengo miedo, pero mi corazón está content, y me siento maravillada con este leño.

Termino la conversación cortésmente y procedo a obtener una consulta con mi amante sobre la posible peligrosidad de este leño más peculiar. Me temo que es un leño de cabeza de cobre. Escucho a mi amante preguntar "¿tiene ojos circulares u horizontales?" Y me pregunto, *¿cómo le respondo? ¿Es seguro hacer contacto visual?*

Me acordaba de un diálogo que tuve con mi hermanito Jorgito cuando me mudé por primera vez a la hondonada. En su primera visita, me trajo una escopeta porque temía que viviéramos solas en los Apalaches. En mi habitual actitud arrogante, dije: "Tienes

A Day in the Life

I lean carelessly on my back door frame, my left hand holding a phone and my right hand gesturing to the clicking of *castañuelas* grabbing the air in gypsy remembrance.

I look over on the woodpile and see that the log's brown bark has an undulating curve that it drags over itself. This log is alive—and it has a hissing tongue! Its fat middle is the size of a silver dollar.

I check to see if I am afraid, but my heart is calm, and I am in awe of this log.

I end the conversation politely and consult with my lover on the potential dangerousness of this most peculiar log. I fear it is a copper log. I hear my lover ask, "Does it have circular or horizontal eyes?" And I wonder, *How do I answer her? Is it safe to make eye contact?*

I am reminded of a dialogue I had with my baby brother Jorgito when I first moved to the holler. On his first visit he brought me a shotgun because he was afraid for us living alone in Appalachia.

miedo por nosotras, cuando vives en Miami, donde te matarán por tomar dos dólares por la cocaína crack o por cruzar su carril. Preferiría morir de una mordedura de serpiente—, al menos es una muerte natural." ¿Lo dije en serio? Creo que sí.

En este momento la criatura está tomando el sol en todo su esplendor. Su piel es suave y el color del caramelo y el dulce de chocolate. Su cabeza de cobre pulido me permite conocer su naturaleza.

Nosotras, mi amante y yo, luchamos con nuestra conciencia. "Tenemos que matarla," suponemos. "Tendrá bebés y es tan hermosa," respondemos. "Podemos pedir que nuestro vecino la lleve al jardín y lejos de la casa," negociamos.

No sabemos cómo manejar adecuadamente las serpientes venenosas. Todos esos años de educación de posgrado Católica y ningún curso de manejo de serpientes.

No estamos preparadas, no estamos listas para los dilemas que viviendo en las montañas nos enfrentan cada día. No sabemos cómo vivir en la naturaleza. Todas esas portadas románticas de la revista *Country Living* que se queman en mi estufa de leña, ni un solo artículo decía la verdad sobre vivir y amar con la naturaleza y su sombra, su peligro y—sobre todo—nuestra ignorancia.

Me ofrecí a hacer la matanza. Mi amante acababa de encontrar un nido de ratones de campo en nuestro sofá Broyhill, y aún no se había perdonado por sofocarlos. Era mi turno de ser cruel, de luchar con mi conciencia.

In my usual cocky way I said, "You are afraid for us, when you live in Miami where they will kill to take two dollars for crack cocaine or for crossing their lane. I'd rather die of a snake bite—at least it's a natural death." Did I mean it? I believe so.

At this moment the creature is sunning in its full splendor. Its skin is soft and the color of butterscotch and chocolate fudge. Its polished copper head lets me know its nature.

We, my lover and I, struggle with our conscience. "We have to kill her," we surmise. "She will have babies and she's also beautiful," we counter. "We can have our neighbor take her out to the garden and away from the house," we bargain.

We don't know how to properly handle poisonous snakes. All those years of Catholic graduate education and not one damn course in snake handling.

We are not prepared, not ready for the dilemmas that living in the mountains places in front of us daily. We don't know how to live in the wilderness. All of those romanticized covers of *Country Living* magazines burning in my wood stove, not one article told the truth about living and loving with nature and its shadow, its dangers, and—most of all—our ignorance.

I offered to do the killing. My lover just last week had found a nest of field mice in our Broyhill sofa, and she had not yet forgiven herself for suffocating them. It was my turn to be cruel, to wrestle with *my* conscience.

No creo que haya matado nada antes—uno o dos bichos quizás. Este asesinato fue muy deliberado. Controlé el hacha. Se balanceó; sangró; se rompió. La toqué, y su fría suavidad calentó mi corazón.

Ya andaba tarde para un servicio religioso para denunciar la violencia racista de los recientes incendios de iglesias. En shock, me paré y distribuí folletos. Una lágrima finalmente rodó por mi mejilla. Mi amante se quedó en casa para despellejar a la serpiente—como una forma de honrar su espíritu dijo.

Tengo pensamientos intermitentes de ella—la serpiente—su ondulante cuerpo pulido, su cabeza de cobre desarticulada.

Nuestros animales y nosotras estamos seguros—por el momento— pero ¿a qué precio? *¿Estaría segura mientras duermo esta noche?* me pregunto. *¿Sería un condominio en la playa una mejor alternativa, al menos por esta noche?*

Ella responde:
"Yo soy la culebra sentada cogiendo el sol matutino sobre tu pila de leña, te veo, te oigo, y te saco la lengua. Que extraña te vez con ese nido en tu cabeza, ¿eres un pájaro gigante? Tu nido se mueve contigo, el mío no, yo protejo los míos.

"Mi barriga rosa la madera caliente, huelo tu olor de extraña, has venido a quitarme mi paz, te voy a tener que morder, ¿no sabes quién soy? ¿No sabes que es un pecado interrumpir mi siesta?"

I don't believe I'd ever killed anything before—maybe a bug or two. This killing was very deliberate. I commanded the hatchet. The snake swayed; it bled; it snapped. I touched it, and its cool softness warmed my heart.

I was already running late for a church service to denounce the racist violence of the recent church burnings. In shock, I stood and passed leaflets. A tear finally rolled down my cheek. My lover stayed home to skin the snake—as a way to honor her spirit she said.

I have flashing thoughts of her—the snake—her undulating polished body, her disjointed copper head.

Our animals and we are safe—for the moment—but at what cost? *Would I be safe in my sleep tonight?* I wonder. *Would a condominium on the beach be a better alternative, at least for tonight?*

She talks back:
"I am the snake sitting here sunning myself on your morning woodpile. I hiss at you, that stranger with that nest on top of her head. Your nest moves with you.

"My belly rests on your woodpile. I smell you. It's a strange smell. I have come here to rest, and you have come here to take away my peace. I'm going to have to bite you. Don't you know who I am? Don't you know that it's a sin to interrupt my siesta?"

Sobre Siendo Morena en el Sur

"Disculpe señora, ¿Sabe que tiene que ser ciudadana para votar en este condado? " me preguntó un hombre mayor y hermoso con la piel curtida y quemada por el sol y un sombrero de John Deere. Me quedé haciendo cola después de mostrarle la documentación apropiada.

¿Me pregunto si él lleva consigo sus documentos de ciudadanía? ¿Lo
    hace usted?
Su acento Apalache y mirada reservada me dejaban saber que él era un nativo protegiendo al suyo. Reconocí al Oso Papá en él. Estoy segura de que su experiencia de latinos se ha limitado a los trabajadores migrantes estacionales a quienes contrataba para cosechar tabaco en su granja, ahora en bancarrota. Intento racionalizar mi dolor y tender un puente sobre la división en mi corazón entre mi ser inmigrante y mi vecino de las montanas Apalaches. Es demasiado tarde. La sensación de alienación y de no tener hogar me llena la garganta.

Es que este es mi hogar. Estas montañas y esta gente, las de él y las mías, son mi conexión con América.

Encuentro al racismo irónicamente doloroso cuando está en las caras que me tocaron el corazón cubano y campestre lo suficiente como para tomar el juramento de ciudadanía después de veinte años de exilio.

On Being Brown in the South

"Excuse me, ma'am, do you know that you have to be a citizen to vote in this county?" a beautiful older man with cracked sunburned skin and a John Deere hat asked me. I stood in line after showing him the appropriate documentation.

I wonder if he carries his citizenship papers with him? Do you?

His Appalachian drawl and reserved look let me know that he was a native protecting his own. I recognize the papa bear in him. I'm sure that his experience of Latinos has been limited to the seasonal migrant worker whom he hires to pick tobacco from his now-bankrupt farm. I attempt to rationalize my hurt and to bridge the split in my heart between my immigrant self and my Appalachian neighbor. It is too late. The feeling of alienation and homelessness fills my throat.

You see, this is home for me. These mountains and these people, his and mine, are my connection to America.

I find racism ironically painful when it's in the faces that touched my rural Cuban heart enough to take the oath of citizenship after twenty years of exile.

Una vez que vi la belleza de estas montañas viejas y gastadas, la cara sonriente y amable de un hombre de las montañas vendiendo verduras de su camioneta, y lo escuché tocar su dulcimer, supe que había encontrado mi hogar.

Mientras me alejaba de él, me miró y me dijo: "Bueno, cariño, eres más linda que una cachorrita moteada. Vuelve a verme alguna vez."

Supe en ese momento que podía ser una americana, cubana-americana, siempre que pudiera vivir y morir en Kentucky.

"¿Oye Marta, puedes hacernos algunos tacos?" mi amiga, lesbiana separatista, blanca, liberal, de clase alta, me pregunta mientras planeamos nuestra próxima comida comunal revolucionaria. Estos comentarios, juntos con la pregunta familiar de mis estudiantes de, "¿Habla cubano?" son señales presentes de la ignorancia de otros—y la invisibilidad y la diversidad de—los latinos en el sur. Aquí somos exóticos, a veces eróticos, y la mayoría de las veces un producto curioso para estereotipar y servir de chivo expiatorio.

Como el grupo más reciente de inmigrantes en busca del "Sueño Americano," los latinos se han convertido en los últimos blancos para la culpa.

Nuestros hombres se paran con su piel morena y bronceada con sus zapatos que cubren tobillos de Nike, jeans Levi, y fumando cigarrillos Marlboro. Crean un sentido de comunidad, utilizando como telón de fondo el paisaje extraño de los estacionamientos de concreto. Nuestras mujeres y niñas se van a casa con grandes bolsas

Once I saw the beauty of these old and worn mountains, the smiling gentle face of a mountain man selling vegetables from the back of his truck, and I heard him play his dulcimer, I knew I had found home.

As I walked away, he looked at me and he said, "Well, honey, you're just cuter than a speckled puppy. Come back and see me sometime."

I knew then that I could be an American, a Cuban-American, as long as I could live and die in Kentucky.

"Hey Marta, can you make us some tacos?" my liberal, upper-class, white separatist, lesbian friend requests as we planned our latest revolutionary potluck.

These comments, along with the familiar question from my students of, "Do you speak Cuban?" are ever-present signs of the ignorance of others about—and the invisibility and the diversity of—Latinos in the South. Here we are exotic, sometimes erotic, and most of the time a curious commodity to stereotype and scapegoat.

As the latest group of immigrants in search of the American Dream, Latinos have become the latest targets of blame.

Our males stand around alone, their brown and bronzed skin wearing Nike high tops, Levi's jeans and smoking Marlboro cigarettes. They create a sense of community, using as a backdrop the foreign landscape of concrete parking lots. Our women and girls go home

de plástico llenas de sueños comprados que enviarán a los menos afortunados quienes se quedaron atrás.

Las tendencias de inmigración predicen que los latinos serán el grupo minoritario más grande de los Estados Unidos. Al mismo tiempo que emerge la visibilidad de los cuerpos morenos, también lo hace el nivel y la frecuencia del racismo y sus compañeros - el odio y la violencia. También lo hace el resentimiento de nuestros hermanos y hermanas afroamericanos hacia nosotros.

Vivimos en el país más rico del mundo, pero nos manejamos con una política basada en la división y el miedo a la escasez.

Estamos unidos por trabajo duro, marginación y diversos tonos de piel de ónice; pero nos mantenemos divididos por el miedo a no tener suficiente. Los servicios humanos básicos como la atención médica y la educación, nos son cuestionados o negados reiteradamente. Es que la mayoría de nosotros no solo somos morenas, sino también pobres.

Para mí personalmente, estas montañas Apalaches son mi hogar. Crecí en Pinar del Río, Cuba, hasta los doce años. Inmigré a Nueva Jersey bajo los auspicios de una familia patrocinadora en 1966. Amaba y luchaba fuertemente junta a mis Newyoricans y mis amigos afroamericanos. ¡Siempre he sido peleona!

Los italianos fácilmente me aceptaron, probablemente debido a mi piel clara y pelo liso.

Me considero muy privilegiada.

with large plastic bags of purchased dreams that they will mail to the less fortunate ones they left behind.

Immigration trends predict that Latinos will be the United States' largest minority group. At the same time the visibility of brown bodies emerges, so does the degree and frequency of racism and its companions—hatred and violence. So does the resentment of our African-American brothers and sisters toward us.

We live in the richest country in the world, but we operate on the politics of division and the fear of scarcity.

We are united by hard work, marginalization, and varying hues of onyx skin; however, we stand divided by the fear of not having enough. Basic human services such as health care and education are repeatedly questioned or denied to us. You see, most of us are not only brown but also poor.

For me personally, these Appalachian Mountains are my home. I was raised in Pinar del Rio, Cuba until age twelve, immigrated to New Jersey under the auspices of a sponsor family in 1966. I loved and fought hard alongside my Newyoricans and African-American friends. I have always been a scrapper!

The Italians easily took to me probably due to my light skin and straight hair.

I consider myself very privileged.

A pesar de los consejos de mi consejero académico en la escuela secundaria que debía rechazar a una beca para el Montclair State College y conformarme con una escuela vocacional, he podido abrir paso a empujones en el camino a la educación postsecundaria.
En solidaridad con los jóvenes prostitutos y heroinómanos de mi vecindario, yo, por el misterio de la excepción, disfruto de un estilo de vida seguro, libre de drogas y educado.

Una de mis mayores bendiciones es mi profunda reverencia por mis múltiples y complejos seres. Yo soy mucho, todos somos mucho. Y me niego a dividirme en compartimentos que no tienen espacio para todo lo que es precioso en mí.

¿Cómo conectamos los puntos de opresión sistémica sin dividirnos? ¿Cómo no dejamos atrás a otros como nosotros - y aun más importante—los que son diferentes de nosotros?

En este momento, no sé. Supongo que, como mi vecino de los Apalaches diría, "Lo estudiaré."

Despite my high school guidance counselor's advice to give up a scholarship to Montclair State College and settle for vocational school, I have been able to claw my way up the ladder of post-secondary education. In solidarity with the young prostitutes and heroin addicts in my neighborhood, I by the mystery of exception enjoy a safe, drug-free, and educated lifestyle.

One of my greatest blessings is my deep reverence for my multiple and complex selves. I am a lot. We're all a lot. And I refuse to compartmentalize myself to fit the boxes that have no room for all that is precious in me.

How do we connect the dots of systematic oppression? Not split ourselves? How do we not leave others like us—and most important—those who are different from us—behind?

At this point I don't know. I guess like my Appalachian neighbor would say, "I'll study on it."

Cubalachian

(Cubana de nacimiento y Apalache por la gracia de Dios)

Yo soy de un lugar. Soy de un lugar donde los gallos te despiertan
y las gallinas te dan de desayunar.
Soy de un lugar donde los cerdos son matados con coraje y gracia
 y cada pedacito se usa para algo.

Yo soy de un lugar donde nos damos un banquete con arroz blanco,
   frijoles negros,
 aguacates y mojitos.
Yo soy de la amargura en el odio de mi madre por los deberes de
   esposa
 y de arrodillarse sobre piedritas en el piso del baño,
deseando poder volar, y lo he hecho y algunas veces todavía lo hago.

Yo soy de un lugar donde el café siempre acompaña a cigarros y
   visitas.
Y soy de un lugar donde damos voz a punto guajiro
 y rezamos con el sonido de la Rumba.

Yo soy de la canción de Celia Cruz –
Azucar, azucar hay cuanto me gusta y me alegra,
 la poesía de Martí.
Yo soy un hombre sincero de donde crece la palma,
 y antes de morirme quiero echar mis versos del alma

Cubalachian

(Cuban by Birth and Appalachian by the Grace of God)

I am from a place. I am from a place where roosters wake you up
and chickens feed you breakfast.
I am from a place where pigs are slaughtered with grit and grace
and every little bit is used for something.

I am from a place where we feast on white rice black beans
aguacates and mojitos.
I am from the bile of my mother's hatred of wifely duties
and from kneeling on pebbles on the bathroom floor,
wishing that I could fly, and I have and sometimes I still do.

I am from a place where *café* always accompanies cigars and visitors.
And I am from a place where we give voice to *punto guajiro*
and worship to the sound of *la Rumba.*

I am from the song of Celia Cruz—
Azucar, azucar hay cuanto me gustas y me alegra,
the poetry of Martí.
I am an honest man from where the palm trees grow,
and before I die I want to sing the songs of soul

Guantanamera, Guajira Guantanamera,
Guantanamera, Guajira Guantanamera.

Yo soy de adivinaciones, purificaciones, bembés y altares vivos.
Soy de un lugar donde arrojamos conchas como los dominós
y donde las lenguas africanas son alimentadas por ron y tambores de
   conga.

Yo soy de un lugar donde las mujeres cambiaron sus velos por
   ametralladoras.
Yo soy de un lugar donde los árboles de mango bailan con orquídeas
   en sus caderas,
y soy de las montañas.
He soñado en esta montaña
Desde que fui hija de mi madre ...
no pueden quitarme mis sueños sin que pelee.

Soy del mar, guerrera como Changó,
sin miedo como Obatala, vestida de blanco y azul
y bendecida por Yemayá,
Ochun, Obatala,
Elegua, Legba, Oya, Changó
Que viva Changó, que viva Changó, que viva Changó señores

Yo soy de un lugar donde las montañas gastadas tocan al cielo
y donde las hondonadas mecen a tabaco, sorgo, y orquídeas
   silvestres.

Guantanamera, Guajira Guantanamera,
Guantanamera, Guajira Guantanamera.

I am from water gazing cleansings, bembés and living altars.
I am from a place where we throw shells the same as dominos
and where the African tongues are fueled by rum and conga drums.

I am from a place where women traded veils for machine guns.
I am from a place where mango trees swing orchids on their hips,
and I am from the mountains.
I have dreamed on this mountain
Since first I was my mother's daughter...
you can't just take my dreams away, without me fighting.

I am from the sea, a warrior like Changó,
fearless like Obatala, dressed in white and blue,
and blessed by Yemayá,
Ochun, Obatala,
Elegua, Legba, Oya, Changó,
Que viva Changó, que viva Changó, que viva Changó señores

I am from a place where worn mountains touch the heavens
and where hollers cradle tobacco, sorghum, and wild orchids.

Yo soy de un lugar done estudiándolo no tiene nada que ver con leer,
donde los coyotes nos dan una serenata mientras graneros negros
   tocan el violín.

Yo soy de un lugar donde bendito seas viene con crítica,
donde compartimos la abundancia de nuestros jardines y las cabezas
   de cobre en nuestras pilas de leña.
He soñado en esta montaña
Desde que fui hija de mi madre ...
no pueden quitarme mis sueños sin que pelee.

Yo soy de los Apalaches todo el día,
pero soy de Cuba por noche.

I am from a place where *studying on it* has nothing to do with reading,
where coyotes serenade us while black barns play the fiddle.

I am from a place where *bless your little heart* accompanies criticism,
where we share the bounty of our gardens and the copperheads on
   our woodpiles.
I have dreamed on this mountain
Since first I was my mother's daughter...
you can't just take my dreams away, without me fighting.

I am from Appalachia all day long,
but I am from Cuba at night.

Gracia

La multitud se arrodilla humildemente sobre la tierra
Las capas yacen suavemente una sobre la otra
creciendo sobre los vestidos verdes pardos de los adoradores.
Los rayos del sol iluminan cada variación de marrón dorado.
La reverencia de las espaldas encorvadas abre mi corazón a la
    oración.
Me trae el recuerdo de la felicidad que se encuentra en la rendición;
el dolor en mi corazón vive.
Me despierto cuando mi vecino comienza a recoger las coronas;
cuelga a los fieles para que se sequen en su granero negro.
Por un momento el tabaco en el campo y yo rezamos
en un monasterio rico de tierra
y sentí la gracia de Dios.

Grace

The crowd kneels humbly over the dirt
The layers lie smoothly over each other
mounting upon the green-brown dresses of the worshipers.
The sun rays illuminate each variation of golden brown.
The reverence of the arched backs opens my heart to prayer.
They remind me of the bliss found in surrender;
the ache in my heart lives.
I awake as my neighbor begins to pick the crowns;
he hangs the worshipers to dry on his barn.
For a moment the tobacco in the field and I prayed
in a monastery rich with dirt
and I felt God's Grace.

II

Oración de Justicia Social

por a Mother Jones: "Hay que rezar por los muertos y pelear como demonios por los vivos!"
Ella peleaba por la clase trabajadora y minoridades; pero no estaba de acuerdo con dar el voto a las mujeres: Todos tenemos puntos ciegos, pero tenemos que seguir mejorando la vista y traer al tanto un movimiento inclusivo y comprensivo para TODOS—sin excepción.

En este día, en este momento, con este respiro
evocamos el espíritu comunal de justicia.

Compartimos el pan con nuestros vecinos,
ofrecemos nuestras manos al enemigo y pedimos por justicia universal.

Damos de comer a nuestras almas con el valor de aquellos que
    tuvieron el coraje
de romper el silencio de la opresión.

Honramos a los lugares sagrados de protesta: las calles, los salones
    públicos, el asiento en la guagua segregada,
y recibimos fuerza de las marchas, de la mano morena que no recogió
    la uva—
de la convicción de aquellos
que escupieron en la sopa del patrón.

Social Justice Prayer

to Mother Jones: "Pray for the dead and fight like hell for the living!"
She fought for the working class and minorities; however, she did not
agree with women getting the vote: We all have blinders, but we
must continue to clean our lenses and bring forth an inclusive and
comprehensive movement for ALL—no exceptions.

On this day, at this moment, with this breath
we evoke the communal spirit of justice.

We break bread with our neighbors,
we extend our hand to our enemies and we pray for global justice.

We feed our souls with the courage of those who have dared
to break the silence of oppression.

We honor the holy places of protests: the streets, the public halls, the
   seat on the segregated bus,
and we are strengthened by the marches, the brown hand who
   refused to pick the grape—
the conviction of those who dared
to spit in the master's soup.

En este día, en este momento, y con este respiro
prometemos traer agua y esperanza al inmigrante con sed.

Demandamos acceso para los con cuerpos menos capacitados.

Nos regocijamos en la bondad inherente de todas las personas,
la capacidad de amar a pesar del odio.

Adoramos a todos los nombres usados para los santos y rezamos:
por el matrimonio de compasión y poder,
por la abundancia de la tierra para darles de comer a las bocas
  hambrientas.

En este día, en este momento, con este respiro rezamos.

Rezamos que nuestros hombres y niños reclamen la verdadera
  masculinidad
y que unan sus corazones con su sexo.

Pedimos que nuestras mujeres y niñas crezcan seguras, fuertes y
  libres.

Rezamos para nosotros, los trabajadores de justicia, que tengamos
un círculo de familia y amigos en nuestras casas, y por amantes que
  nos laven nuestros adoloridos pies.

Namaste, Amén

On this day, in this moment, with this breath
we promise to bring water and hope to the thirsty immigrant.

We demand access for the less able bodied amongst us.

We rejoice in the inherent goodness of all people,
and the power to love in spite of hatred.

We worship all names given to the holy ones and we pray:
for the marriage of compassion to power,
for the abundance of the earth to feed the mouths of the hungry.

On this day, at this moment, with this breath we pray.

We pray that our men and boys claim their true masculinity
and bring their genitals into harmony with their hearts.

We pray that our women and girls grow strong, safe, and free.

We pray for us, the justice workers, that we may have a circle of family
and friends to come home to, and for a lover who is willing to wash
   our aching feet.

Namaste, Amen

Cicatrices de Guerrera

Llevas la cabeza baja.
Tus ojos miran al suelo.
Tus manos hurgan en tu piel.
Tus hombros desnudos llevan tu carga.
Tu libertad atrapada en tu impotencia.

Tu cuerpo es un testamento a tu historia:
   Cicatrices trazan dolor persistente.
   Huellas marcan carne tierna.
   Entumecimiento anestesia los gritos de la garganta.
Tu rabia exige liberación.

    Déjanos a nosotros ser tus testigos.

Da voz
   a las injusticias que te han roto el corazón.
Canaliza tu ira
   en acción hacia tu curación.
Transforma tu impotencia
   en empoderamiento.

   Déjanos a nosotros ser tus testigos.

Cuéntanos tu historia:

Warrior Marks

You carry your head low.
Your eyes face the floor.
Your hands pick at your skin.
Your bare shoulders bear your burden.
Your freedom trapped in your powerlessness.

Your body is a testament to your story:
        Scars map out persistent pain.
        Imprints mark tender flesh.
        Numbness anesthetizes throated screams.
Your rage demands release.

        Let *us* be your witness.

Give voice
        to injustices that have broken your heart.
Channel aggrieved anger
        into healing action.
Transform your powerlessness
        into empowerment.

        Let us be your witness.

Tell us your story:

Señala cada herida y da voz a su propósito,
Rasga el papel.
Desgarra la tela.
Dibuja la cicatriz.

Da voz
Sana tu cuerpo
C a l m a
Álzate | Habla

        Déjanos ser testigos a
tu curación.
        Déjanos ayudarte a
forjar tu vida.
        Bienvenida a tu casa.

Point to each cut and give voice to its purpose,
Rip the paper.
Tear the cloth.
Draw the scar.

Give voice
Heal your body
S o o t h e
Stand up | Speak up

       Let us witness
your healing.
       Let us help you
carve out your life.
       Welcome home.

El viaje

para los valientes y fuertes sobrevivientes de la violencia doméstica

Bienvenido
Tu coraje te ha acompañado hasta aquí.
Tu desesperación ha impulsado tu ritmo.
Tu sufrimiento allanó el camino.

Tu sabiduría guiará tus pasos.
Tus heridas te recordarán del *por qué*.
Tus hermanas y hermanos te mostrarán el cómo.

La hinchazón en tus músculos doloridos
empuja tu cerebro fuera del olvido.

La náusea en tu barriga
se levanta a tu garganta.

Tu tos
te lleva de vuelta a la conciencia.

Tu espíritu se acordará de tu poder.
Tus ojos se abrirán con el tiempo.

The Journey

to the courageous and resilient survivors of domestic violence

Welcome
Your courage has walked you here.
Your desperation has fueled your pace.
Your suffering paved the way.

Your wisdom will guide your steps.
Your wounds will remind you of the *why*.
Your sisters and brothers will show you how.

The swelling in your aching muscles
nudges your brain out of oblivion.

The nausea in your gut
rises to your throat.

Your coughing
carries you back to consciousness.

Your spirit will remember your power.
Your eyes will eventually open.

Tu sed de libertad
despertará tus pensamientos creativos.

Tu pasión renacerá a tu espontaneidad.

Tu conocimiento te recordará que
el amor no duele,
la seguridad y el respeto no son negociables.

El latir de tu corazón limpiará tus miedos.

Tu cuerpo sanará,
tu alma dejará de sollozar al final,
y tu risa será un testigo a la vida.

Le traerás esperanza a otro sobreviviente
quien todavía no sabe—que, también, tiene opciones.

Susurra hasta que puedas gritar,
"Yo estoy, estoy, estoy segura."
Tu resistencia te ha llevado a casa.
Tu vida comienza de nuevo.

Your thirst for freedom
will awaken your creative thoughts.

Your passion will rebirth your spontaneity.

Your knowing will remind you that
love does not hurt,
safety and respect are not negotiable.

The beating of your heart will cleanse your fears.

Your body will heal,
your soul will eventually stop sobbing,
and your laughter will be a witness to life.

You will bring hope to another survivor
who still does not know—they, too, have options.

Whisper until you can shout,
"I am, I am, I am safe."
Your resilience has walked you home.
Your life begins anew.

Oda al 45

¡Haga que América sea Blanco de nuevo!

Se sienta en su trono dorado,
llevando un casco naranja como su corona nacionalista,
blandiendo su espada con imprudencia como un niño torpe,
girando nuestra tierra en caos con su aliento,
cortando nuestras conexiones humanas con su lengua.

Vestigios del dragón patriarcal alimentan su base,
la pérdida de privilegios alimenta a las bestias,
el miedo de ser igual a los otros enfurece a las masas,
Ellos confunden el Kool-Aid con la sangre de Jesús,
y el malvado fuego del odio se quema la moralidad con cada
   explosión.

Nosotros tenemos que prestar atención al llamado a apagar las
   llamas
y co-crear un paradigma transformacional
de las cenizas de un sistema injusto de poder,
donde la república sea una ciudadana global,
y América sea más fuerte.
Nos podemos alegrar—el futuro es femenino, moreno, y queer!

Ode to 45

Make America White Again!

He sits on his golden throne,
wearing an orange helmet as his nationalist crown,
recklessly swinging his sword like an uncoordinated toddler,
swirling our land into chaos with his breath,
slicing our human connections with his tongue.

Vestiges of the patriarchal dragon fuel his base,
loss of privilege feeds the beasts,
fear of being equal to *the others* enrages the masses,
They mistake his Kool-Aid for the blood of Jesus,
and the wicked fire of hate burns morality with each explosion.

We must heed the call to douse the flames
and co-create a transformational paradigm
from the ashes of an inequitable system of power,
where the Republic is a global citizen,
and America is stronger.
We can rejoice—the future is female, dark, and queer!

La política de liberación

Estoy ante ustedes como testigo de los síntomas de la misoginia, el
 sexismo y la inequidad.
Sabemos que para que las sobrevivientes / víctimas no sean
 golpeadas y violadas
tenemos que trabajar por la justicia de género y debemos abordar las
 causas fundamentales de la violencia.

Estoy ante ustedes como una feminista interseccional,
 una mujer de color queer
 una afrocaribeña
 una refugiada política.

Estoy frente a ustedes como una niña en Cuba
y una adolescente en un barrio en Nueva Jersey.

Estoy ante ustedes como una estudiante universitaria de primera generación
que encontró sus raíces en los Apalaches.

Estoy ante ustedes como alguien que se atreve a estar ofendida
 diariamente.

Vivimos con desigualdades complejas y tienen que confiar en mí lo
 suficiente como para
ofenderme,
enseñarme,
y desafiarme.

Politics of Liberation

I stand before you as a witness to the symptoms of misogyny, sexism,
    and inequity.
We know that in order for survivors and victims not to be beaten and
    raped
we must work for gender justice and we must address root causes of
    violence.

I stand before you as an intersectional feminist,
a queer woman of color
an Afro-Caribbean
a political refugee.

I stand before you as a young girl in Cuba
and an adolescent in a ghetto in New Jersey.

I stand before you as a first-generation college student
that found her roots in Appalachia.

I stand before you as someone who dares to be offended daily.

We live with complex inequalities and you must trust me enough
to offend me,
to teach me,
and to challenge me.

Nuestra propia historia es de inmigración, genocidio, esclavitud, y
    misoginia.
Somos abolicionistas, sufragistas y activistas de derechos civiles.

Y a nuestras hermanas que han confundido el kool-aid con la sangre
    de Jesús
y se lo han tragado todo del patrón sin cuestionar, les digo
"El arquetipo femenino viene y ustedes también serán liberadas."

Para nuestros hermanos CIS, los llamarán de todo cuando caminen
    junto a nuestro,
movimiento de liberación, arriesgando el a que los llamen chocha,
 reclamando su humanidad, y recordando que la concha es
    el músculo más fuerte del cuerpo. Así que simplemente
    digan, "Gracias."
Ustedes también pueden liberarse de la esclavitud del patriarcado y
    el poder;
reclaman su derecho a una masculinidad saludable.

Recuerden que cuando las hermanas y hermanos transgénero hacen
    la transición,
se convierten en un alto riesgo de abuso y homicidio.
    No es seguro
desafiar los rígidos roles de género. Para muchos de nosotros la
    muerte es el resultado.
Tenemos un promedio de 20 hermanas transgénero asesinadas al
    año,
muchas de ellas por parte de sus parejas. ¿Cómo es que en nuestras
    marchas femeninas

Our very history is one of immigration, genocide, slavery, and
    misogyny.
We are abolitionists, suffragettes, and civil rights activists.

And to our sisters who have confused the Kool-Aid with the blood of
    Jesus
and who have swallowed our master's tools line, hook, and sinker, I say,
"The feminine archetype is coming, and you too will be liberated."

To our CIS brothers, you will be called a lot of names when you walk
    alongside us,
when you walk along our liberation movement, daring the risk of being
    called a pussy,
claiming your humanity, and remembering that the pussy is the
    strongest
muscle in the body. So just say, "Thank you."
You too get to be free of the bondage of patriarchy and power over;
claim your right to a healthy masculinity.

Remember that when transgender sisters and brothers transition,
they become high-risk for abuse and homicide. It is not safe
to challenge rigid gender roles. For many of us death is the result.
We have an average of twenty transgender sisters killed each year,
many by their partners. How is it that at our current women's
    marches

actuales nos atrevemos a decir que no se les permite marchar con
    nosotras—
las mujeres nacidas con una vagina? Las mujeres transgénero son
    las más afectadas por el peligro de elegir vivir como mujeres en
    nuestra cultura
y rechazar la masculinidad, y todos sabemos que es una decisión
    peligrosa.
Es mi creencia que en este momento tenemos que mantenernos
unidos para presenciar el último rugido del dragón hetero-patriarcal
racista. Hemos estado luchando contra el viento y ahora los vientos
de transformación están a nuestras espaldas impulsando la
liberación hacia adelante.

Hemos sido golpeadas, acosadas, violadas demasiadas veces.
    Somos complejas
y somos interdependientes. Abracemos nuestra complejidad,
    conectemos los puntos
de la opresión sistémica y recordémonos que, para desmantelar la
    misoginia,
no podemos dejar a nadie atrás: racismo, clasismo, homofobia,
    transfobia,
xenofobia, clasismo, el capacitismo, el antisemitismo son todas
enfermedades sociales. Crean y mantienen
una cultura en la que golpear, violar, oprimir—y matar—
al otro es aceptable. Como sabemos, el otro cambia periódicamente.

we dare to say *they* are not allowed to march with us—
the women *born with a vagina?* Transgender women are carrying the
    brunt
of the danger of choosing to live as women in our culture
and rejecting masculinity, and we all know that is a dangerous
    decision.
It is my belief that at this moment we must stand in unity
to witness the last roar of the racist, heteropatriarchal dragon.
We have been fighting against the wind and now
the winds of transformation are at our backs fueling liberation
    forward.

We have been beaten, harassed, raped too many times. We are
    complex
and we are interdependent. Let's embrace our complexity, connect
    the dots
of systemic oppression, and remind ourselves that in order to
    dismantle misogyny,
we cannot afford to leave any one of us behind: racism, classism,
    homophobia, transphobia,
xenophobia, classism, ableism, anti-Semitism are all
    social illnesses. They create and maintain
a culture where beating, raping, and oppressing—and killing—
the other is acceptable. As we know *the other* changes periodically.

Desafío a nuestro movimiento a comprometernos a no más divisiones, no más división.

Creemos un movimiento inclusivo y afirmativo.

Abracemos las intersecciones y reconstruyamos este movimiento para asegurar que todos tengan acceso a la búsqueda de la felicidad, la libertad y la justicia para *todos*. Sin excepciones.

I challenge our movement to commit to no more splits, no more
   division.
Let's create an inclusive and affirming movement.
Embrace the intersections and rebuild this movement to ensure
that everyone has access to the pursuit of happiness,
liberty, and justice for *all*. No exceptions.

Oda para mis clientes

Hablo en nombre de todos los clientes valientes, resistent y fuertes que me han permitido tener un puesto de honor como testigo a sus psiques privadas y problemáticas, comportamientos problemáticos, pensamientos dañinos y visiones y voces aterradoras. Confiaron en mi a visitar sus íntimos y privados infiernos, los huesos resonando en sus oídos, las arañas arrastrándose sobre su piel, los recuerdos atrincherados en sus cuerpos mutilados, las partes de sus psiques que se separaron para contener el horror de su abuso, los monstruos en sus dormitorios, las quemaduras en sus espaldas y—lo más doloroso de todo—la pérdida de su inocencia y su confianza en la raza humana.

Compartieron conmigo las serpientes trepando por las paredes, el adormecimiento de sus emociones, la traición de sus cuerpos, los sudores nocturnos en sus sueños, el nacimiento y asesinato de sus hijos, la violación de su confianza, la violación de su infancia, la híper-conciencia de su entorno, los olores de los fluidos corporales que eran demasiado jóvenes para entender.

Estoy aquí para decirles a ustedes que es un lujo y un privilegio experimentar la tristeza, la pena—y, sí—la depresión. La mayoría de nosotros sufrimos con ellos por no más de dos semanas a la vez. Es un regalo pensar que estás loco. Eso no es enfermedad mental; eso es vida. La experiencia de las personas que padecen enfermedades mentales es muy diferente y no desaparece.

Ode for My Clients

I speak on behalf of all the courageous, resilient, and strong clients who have allowed me to have a seat of honor as witness to their private and troubled psyches, problematic behaviors, harmful thoughts, and scary visions and voices. I was trusted to visit their private, intimate hells, the bones rattling in their ears, the spiders crawling on their skin, the memories entrenched in their mutilated bodies, the parts of their psyche that split to hold the horror of their abuse, the monsters in their bedrooms, the burns on their backs—and, most painful of all—the loss of their innocence and of trust in the human race.

They shared with me the snakes climbing the walls, the numbness of their emotions, the betrayal of their bodies, the night sweats in their dreams, the birth and murder of their children, the rape of their trust, the violation of their childhood, the hyperawareness of their surroundings, the smells of body fluids that they were too young to understand.

I am here to tell you that it is a luxury, a privilege, to experience sadness, grief—and, yes—the blues. Most of us live with them for no longer than two weeks at a time. It is a gift to think you are crazy. That is not mental illness; that is life. The experience of people suffering from mental illness is very different, and it does not go away.

Su mundo interno es doloroso, pero no están dañados, no son frágiles. Son resistentes, fuertes, valientes, pero de alguna manera creen que no lo son. Creen que no son digno de tu amor, de tu admiración, o que en realidad no los extrañaríamos si no estuvieran aquí. Eso es trágico. Tenemos que co-crear una comunidad compasiva donde la ayuda está disponible, y la aceptación y la comprensión son la norma, hasta que la persona sufriendo pueda encontrar su camino de regreso a su valor, su propósito, su alegría y su deseo de vivir.

Their internal world is painful, but they are not damaged, they are not fragile. They are resilient, strong, courageous, and yet somehow, they believe that they are not. They believe that they are not worthy of your love, your admiration, or that they actually would not be missed if they were not here. That is tragic. Let's co-create a compassionate community where help is available and acceptance and understanding are our standards until the one suffering can find their way back to their worth, their purpose, their joy, and their wish to live.

III

La Aventura Silenciosa

 Ojos grisáceos cálidos y afilados, húmedos con el deseo
vigilan a mi mandíbula moverse mientras hablo. Nuestros ojos se
   encuentran llenos
de emoción por la potencial de todas las cosas que no se hablan.
Las limitaciones y la modestia de los adultos frenan la esperanza
y aplastan el abandono haciendo, espacio para opciones maduras y
   saludables.

Somos testigos de fantasías mutuas que solo son conocidas por
   extraños hambrientos
en espacios prohibidos. Liberamos las garras de la obsesión
y volvemos a la realidad del momento, entrando en el abismo
reservado para arrepentimientos y listas de cosas que hacer antes de
   morir.

The Silent Affair

Warm sharp brown-gray eyes wet with desire
watch my jaw move as I speak. Our eyes meet bursting
with excitement for the potential of all things unspoken.
Adult limitations and modesty dampen hope
and crush abandon, making room for mature and healthy decisions.

We are witness to mutual fantasies only known by hungry strangers
in forbidden spaces. We release the grip of obsession
and return to the reality of the moment, entering the abyss
reserved for regrets and incomplete bucket lists.

Cómo comer una granada

Las membranas translúcidas contienen grupos de semillas rojas y
    púrpuras
Disfrazan a la manzana de su escudo de armas
 y su blindaje invisible protegiendo su corazón.
Las cámaras asimétricas contienen frutos falsos
donde se incrustan bayas reventadas sin apego.

Cuando uno parte la carcasa dura,
se cae suspendido en incredulidad.
El tiempo se detiene.
Rapto sobreviene.

La ira terca de la pasión no descubierta agarra la lengua
mientras la serpiente seduce con lujuria.
Los jugos agrios y picantes tatúan
una marca indeleble en el alma.

Su pelo era rojo y también su nombre.
Con habilidad sáfica ella traspasó mi identidad.
Con cruel desprendimiento ella descartó mi amor.
Dejando mi corazón lloroso a lamentar en su puerta.

How to Eat a Pomegranate

The translucent membranes hold clusters of red and purple seeds
They disguise the apple from its code of arms
and its stealth shield protecting her heart.
The asymmetrical chambers contain false fruit
where bursting berries are embedded without attachment.

As one parts the hard casing,
one falls, suspended in disbelief.
Time stops.
Rapture ensures.

The willful wrath of undiscovered passion grips the tongue
while the serpent seduces with lust.
The sour and pungent juices tattoo
an indelible mark on the soul.

Her hair was red and so was her name.
With Sapphic skill she pierced my queerness.
With cruel detachment she discarded my love.
Leaving my weeping heart to mourn on her doorstep.

Edad Media: una reunión de Barbie y la Vieja

Como si fuera inesperada, aparece la vieja
sosteniendo con ella la sangre de la potencial de la vida.
La cueva donde vive está construida de membranas
y tejido muscular que encierran la fertilidad sin explotar de la
    oscuridad
de donde nace toda la creación.

Ocultamos las arrugas,
pelos de la barbilla,
mocos, estrías,
vientres sobresalientes y uñas descuidadas—

vieja dentro de mí
desde el yo en ti
que alaba lo estéril
el arte muerto de
la femenina incorpórea
quien prospera en el patriarcado.

La Vieja es la venida de la oscuridad,
el cuerpo y el alma del arquetipo femenino rechazado en la
    adolescencia.

Middle Age: a meeting of Barbie and the Hag

As if unexpected, the hag appears
holding within her the blood of life's potential.
The cave where it lives is built from membranes
and muscle tissue that encase the untapped fertility of the darkness
from where all creation is born.

We hide the wrinkles,
chin hairs,
snot, stretch marks,
protruding belly and overgrown fingernails—

hag within me
from the me in you
who worships the sterile
the dead art of
the disembodied feminine
who thrives in patriarchy.

The Hag is the coming of the darkness,
the body and soul of the feminine archetype rejected at adolescence.

Imagínate si Barbie y la Vieja respiraran vientre contra vientre.
Barbie se despertaría
con un grito en la garganta y
la Vieja podría sonreír con facilidad.
Su olor rancio se transformaría en la naturalidad de las encías de la
    mañana.
Ah y la piel,
la piel acomodaría
las libras
y daría a luz al alma en los genitales de Barbie.
Las verrugas de la Vieja serían aliviadas
por los fluidos maternos, y ahora todas las mujeres jóvenes podrían
    escucharla fácilmente.

La femenina repudiada, descartada nos espera en la mediana edad.
Todo lo que hemos desechado
regresa con sus harapos de vergüenza, y su rabia del abandono,
para ser reclamada y debidamente devuelta al centro de la tierra.
Aquí la Vieja requiere la inclusión de los olores de la creación
y exige que sigamos las reglas orgánicas de todas las criaturas.

Cuelga un letrero en tu tocador *Viejas bienvenidas aquí.*
Ven a sentarte en mi altar de devoción a la belleza incorpórea.
Mi auténtica yo tiene ojos para ti.
Bebe de mi espíritu.
Sostén mi delicada taza de té de porcelana con tus dedos nudosos
y uñas encarnadas.
Hay mucho espacio en mi mesa para tu sed
de aceptación y reconciliación.

Imagine if Barbie and the Hag were to breathe belly to belly.
Barbie would awaken
bellow her throat and
the Hag could smile with ease.
Her stale odor would transform to the naturalness of morning gums.
Ah and the skin,
the skin would accommodate
the pounds
and birth the soul in Barbie's genitals.
The Hag's warts would be soothed
by maternal fluids, and now she could easily be heard by *all* young
   women.

The disowned, discarded feminine awaits us at middle age.
All that we have thrown away
return with their rags of shame, and their rage of abandonment,
to be reclaimed and rightly returned to the earth's core.
Here the Hag requires inclusion of the odors of creation
and demands that we follow the organic rules of all creatures.

Hang a sign at your vanity: *Hags are welcome here.*
Come sit at my alter of devotion to disembodied beauty.
My authentic self has eyes for you.
Drink from my spirit.
Hold my dainty china teacup with your knurled fingers
and ingrown fingernails.
There is plenty of room at my table for your thirst
for acceptance and reconciliation.

Décima para Papi

Hoy me despierto asustada, pensando en tu soledad,
y mi corazón se llena de amor, ternura y piedad.
Qué pena que no me pudiste apreciar.
Tu hija desviada te ha hecho bien.

¡Viejo bello—y qué cabrón podías ser!
Qué dolores me has causado
y que cuentos has dejado en mí de tu simple historia.
Saco dé la memoria, mi herencia, tu legado
lleno de azúcar, café, y misericordia.
Me ensenaste poesía bien temprano, y cómo improvisar con sabor,
a apreciar punto guajiro, y a tener orgullo de lo cubano.
Me dijiste que con guano se puede hacer un bohío
y que la Sierra Maestra tiene hombres escondidos.
Cantaste Guantanamera y me hablaste de Martí,
y me leíste su poesía con ternura en tus ojos.

Qué rico que conocí nuestra historia—tu historia—en poesía
porque tengo hoy en día, lindos recuerdos de ti.
Me sentaste en el piso de nuestra casa modesta, siempre en el
    porche,
y llenaste mis sentidos de honor a nuestra bandera, nuestra tierra, y
    nuestro canto.

Décima para Papi

This morning I wake up scared, thinking of your loneliness,
and my heart is filled with love, tenderness, and piety.
What a shame you didn't get to appreciate me.
Your deviant daughter has done you well.

Beautiful old man—and what a bastard you could be!
What pains you have caused me
and what stories you have left in me from your simple story.
I draw from my memory, my heritage, your legacy
full of sugar, café, and mercy.
You taught me poetry early, and how to improvise with flavor,
to appreciate hillbilly music, and to be proud of the Cuban.
You told me that you can make a hut with guano
and there are men still hiding in the Sierra Maestra.
You sang Guantanamera and you told me about Martí,
and you read his poetry to me with tenderness in your eyes.

How beautiful that I learned our story—your history—in poetry
because I have yet today lovely memories of you.
You sat me on the floor of our modest house, always on the porch,
and you filled my senses with honor to our flag, our land, and our song.

Las decimas que cantabas, siempre tomando café, me enseñaron la
     fe de dios en el mediodía.
Me contaste que los hombres tienen momentos cuando lloran
y que la mujer mulata es la diosa de la Sonora.
Me contaste de Laurita, su madre, y tus viejos amores,
enseñándome que el sol tiene muchos arcoíris.
Danzón, rumba y dominós son de Cuba el corazón, dijiste.

Y el manisero se llena los bolsillos de tesón.
En el viejo malecón todavía se besaban las parejas.
Y en la esquina del mercado se vendía el algodón de azúcar.
Hoy yo vivo en las montañas, reclamando mi lugar
en esta tierra extranjera que me ha prestado su hogar.

Hay veces que en la mañana cuando yo hago el café
me acuerdo de mi niñez y tus canciones bonitas
y con lágrimas benditas le pido a dios bendición.
Lleno el altar de velitas, de aguardiente y de oración.
Reclamo tu legado de tu identidad chamán.

Me dejaste a Yemayá, Oshún, Obatala, Elegua Legba, Oya y a Changó.
Tomo cafecito, bailando al ritmo de Albita,
sabiendo que mi chosita también está hecha de guano con manos
     fuertes igual a las tuyas
y que mi punto cubano—siempre lleno de herencia, amor, azúcar y
     ron—
vale mucho más que los títulos que he acumulado.

The *décimas* that you sang, always drinking café, taught me faith
    in God in the middle of the day.
You told me men have moments when they cry
and the mulatto woman is the goddess of sound.
You told me about Laurita, her mother, and your old loves,
teaching me that the sun has many rainbows.
Danzón, rumba, dominos are the heartbeat of Cuba, you said.

And the peanut vendor filled his pockets with tenacity.
Couples still kissed on the old pier.
And cotton candy was sold on the corner of the market.
Today I live in the mountains, claiming my place
in this foreign land that has lent me its home.

There are times in the morning when I make coffee
I remember my childhood and your beautiful songs
and with holy tears I ask God's blessing.
I fill the altar with candles, brandy, and prayer.
I claim the legacy of your shaman-self.

You left me Yemayá, Oshún, Obatala, Elegua, Legba, Oya, and Changó.
I drink *cafecito*, dancing to the rhythm of Albita,
knowing that my cabin is also made of guano by rugged hands just
    like yours
and that my Cuban music—always full of heritage, love, sugar, and
    rum—
is worth much more than the degrees I have accumulated.

Gracias por el regalo. Mi corazón herido palpita con devoción para ti
mientras recuerdo con honor la tierra donde he nacido
y el hombre que me abrazaba cuando vine a este mundo.
Gracias Papá.

Tu hija desviada,
Marta

Thank you for the gift. My wounded heart beats with devotion for you
as I remember with honor the land where I was born
and the man who held me when I came to this earth.
Gracias Papá.

Your deviant daughter,
Marta

Canción de cuna para Maddie

Había una vez un verano
en lo profundo de la oscuridad de la Madre Océano
vivía una pequeña sirena descarada llamada Madelyn.
Su pelo estaba lleno de largos rizos;
sus ojos estaban llenos de estrellas.
Y sus risitas despertaron a las ballenas
y sus pestañas abanicaban las olas.

Su espíritu era un compuesto: Ella guardaba
las aventuras de Amelia Earhart,
la prosa de Dulce María Loynaz,
la esperanza de Susan B. Anthony,
la canción de Bessie Smith,
la inteligencia de Marie Curie,
y el coraje de Sally Ride.
Y sus escalas contenían cada nota cantada por Celia Cruz.

Madelyn usaba conchas de caracol rosa para almohadas
y rayas con púa para aretes.
Ella jugaba al escondite con los delfines.
Cada amanecer ella nadaría hasta el borde de las olas;
observaría a las criaturas sin cola jugando en la arena.
Una mañana gloriosa - llena de orquídeas y rayos de sol naranjas—
salió de las cálidas aguas y se unió a los humanos.

Lullaby for Maddie

Once upon a summer
deep within the darkness of Mother Ocean
there lived a sassy little mermaid named Madelyn.
Her hair was full of long curls;
her eyes were full of stars.
And her giggles woke up the whales
and her lashes fanned the waves.

Her spirit was a composite: she held
the adventures of Amilia Earhart,
the prose of Dulce María Loynaz,
the hope of Susan B. Anthony,
the song of Bessie Smith,
the intelligence of Marie Curie,
and the courage of Sally Ride.
And her scales held every note sang by Celia Cruz.

Madelyn used pink conch shells for pillows
and stingrays for earrings.
She played hide and seek with the dolphins.
Every sunrise she would swim to the edge of the waves;
she would watch the creatures without tails playing on the sand.
One glorious morning—filled with orchids and orange sunrays—
she popped out of the warm waters and joined the humans.

Tenía frío y estaba de mal humor.
Buscaba los delfines y las ballenas—y su cola.
No aparecían por ningún lado.

De repente, mientras buscaba en todos lados,
vio a su hermosa mami rubia y se encontró a sí misma en sus ojos
    azules.
Notó que estaba siendo acunada en los brazos de su papi con piel
    marrón;
así que Maddie pensó, *que tal vez voy a estar bien,*
estará bien vivir en tierra firme por un tiempo.

Más tarde conoció a sus abuelas y abuelos, su dulce y amable prima,
sus tías y tíos, y ella estaba muy feliz.

De vez en cuando Maddie se pone fría y gruñona.
Ella extraña el calor y la profundidad del océano.
Quiere jugar con los delfines, montar a las ballenas, y busca sus
aretes. Su hermosa Mami la sostiene,
la pone en una bañera calentita, y le canta una canción de cuna.
Su guapo Papi la pone en su amplio y fuerte pecho
y ambos caen al mundo de sueños.
Ella comienza a nadar en las olas de amor que la rodean.
Encuentra besos para usar de aretes. Y una vez más ella decide
Me quedaré un ratito más.

She was cold and she was grumpy.
She looked for the dolphins and the whales—and for her tail.
And they were nowhere near to be found.

All of a sudden while searching her surroundings,
she saw her beautiful blonde mami and she found herself in mami's
   blue eyes.
She noticed she was being cradled in the arms of her brown skin papi;
so Maddie thought, *well maybe I will be okay,*
it will be okay to live on dry land for a while.

Later on, she met her *abuelos y abuelas,* her sweet and kind prima,
her *tías* and *tíos* and she was very happy.

Once in a while Maddie gets cold and grumpy.
She misses the warmth and depth of the ocean.
She wants to play with the dolphins, ride the whales, and she
searches for her earrings. Her beautiful mami holds her,
places her in a warm tub, and sings her a lullaby.
Her handsome papi lays her right on his wide and strong chest
and they both fall into the world of dreams.
She begins to swim in the waves of love that surround her.
She finds kisses to use for earrings. And once again she decides,
I'll stay a little longer.

Gracias a ti

para mi hermanito Jorgito

Gracias a ti he hecho mi mejor esfuerzo
Porque tus ojos de caramelo siempre estaban llenos de devoción sin
fin
Gracias a tu suave espíritu aprendí a amar
Porque tu amabilidad inspiró el llamado de lo sagrado para salvar mi
corazón amargo

Gracias a ti mis hombros se convirtieron en acero forrados con besos
de seda
Gracias a ti mis palmas se volvieron tan suaves como terciopelo
aplastado
Gracias a ti me convertí en una oradora dotada,
argumentando tu caso y ganando cada prueba

Gracias a tu hermoso rostro y la suavidad de tu pelo hasta los
hombros
Porque eras un blanco para acosar, me convertí en un intrépido
Gracias a tu suave espíritu mi cuerpo se convirtió en un escudo y mi
lengua en una espada
Porque tu admiración calmó mi inseguridad, tu confianza se
convirtió en mi moneda

Because of You

to my baby brother Jorgito

Because of you I have done my best
Because your caramel eyes were always filled with unending devotion
Because of your gentle spirit I learned to love
Because your kindness inspired the call of the sacred to save my
    bitter heart

Because of you my shoulders became steel lined with silken kisses
Because of you my palms became as soft as crushed velvet
Because of you I became a gifted orator,
arguing your case and winning every trial

Because of your beautiful face and the smoothness of your shoulder
    length hair
Because you were a target to bully, I became fearless
Because of your gentle spirit my body became a shield and my tongue
    a sword
Because your admiration calmed my insecurity, a new trust became
    my currency

Gracias a ti mi furia se disolvió en el agua bendita de tu inocencia

Gracias a ti caminé entre carbones calientes, comí fuego,
   y hábilmente navegué la cuerda floja del trauma

Gracias a ti, todo lo que soy y todo lo que he llegado a ser guarda tu
   luz dentro de mis células

Gracias a ti camino hacia lo que es bueno en el mundo

Gracias a ti el miedo se transformó en coraje

Gracias a ti la rabia se convirtió en paz interior

Gracias a ti las lágrimas se convirtieron en risas

Gracias a ti mi resentimiento se cambió al perdón

Gracias a ti mi vacío se convirtió en alegría

Gracias a ti vivo en anticipación

Gracias a ti creo en los milagros

Gracias a ti conozco la gracia

Gracias a ti la sanación ha moldeado nuestras vidas

Gracias a ti nos hemos convertido en esculturas de resiliencia y
   compasión

Todo porque me necesitabas

Todo porque te necesitaba más

Because of you my rage dissolved in the holy water of your innocence
Because of you I walked through hot coals, ate fire,
  and skillfully navigated the tight rope of trauma
Because of you all that I am and all that I have become
  holds your light within my cells
Because of you I walk towards what is good in the world

Because of you fear transformed to courage
Because of you rage became inner peace
Because of you tears became laughter
Because of you my resentments became forgiveness

Because of you my emptiness became contentment
Because of you I live in anticipation
Because of you I believe in miracles
Because of you I know grace

Because of you healing has molded our lives
Because of you we have become sculptures of resilience and
  compassion
All because you needed me
All because I needed you more

La flauta

olas largas y delgadas
con los vientos huecos,
repasando
por los dedos
del cuerpo alto
 y delgado
quien me ha despertado
el alma.
Ella ondula
para capturar
el sonido desnudo de la respiración
en la cueva de la luna
mientras lloro.

The flute

long and thin waves
with the hollow winds,
sifting
through the fingers
of the tall
thin body
that has awakened
my soul.
She undulates
to capture
raw breath sound
into the cave
of the moon
as I weep.

Amanecer

No hay nada más hermosa
que la familiaridad de tu cuerpo dormido

Bultos de huesos, carne y mantas
repasando al amanecer ruborizado.

Me siento y miro
           bostezando ante el sol amarillo orquídea.

Este es mi tiempo santo
           y yo invito al amor
                       a rajar a mi corazón guardado.

DAWN

There is nothing more beautiful
than the familiarity of your sleeping body

bundles of bones, flesh and blankets
canvassing the blushing dawn.

I sit and stare
        yawning at the orchid-yellow sun.

This is my holy time
        and I invite love
                    to crack my guarded heart.

Renacimiento

para Cary, con gratitud

Desnuda
mi cuerpo se estremece por tu toque

Cansada
mis defensas se agrietan por tu dulzura

Respirando
mis pulmones crean espacio para nueva vida

Lagrimando
mis ojos se abrazan a tu mirada

Amando
se me despierta el corazón

Gritando
se me vuelve la voz

Desnuda
mi alma tiembla

Expuesto
mi dolor honra las pérdidas

Rebirth

for Cary, with gratitude

Naked
my body trembles for your touch

Tired
my defenses crack with your sweetness

Breathing
my lungs make space for new life

Tearing
my eyes embrace your gaze

Loving
my heart awakens

Screaming
my voice returns

Naked
my soul quakes

Exposed
my grief honors the losses

Vivir
ha reemplazado a sobrevivir

Receptividad
ha descongelado el entumecimiento

Los jugos vuelven a fluir
y la vida comienza de nuevo

Living
has replaced surviving

Openness
has thawed numbness

Wetness
returns and life begins anew

NOTA DE LA AUTORA

La Cuna

El 10 de marzo de 1954, pesando menos de 3 libras se encontró inesperadamente a una niña dentro del útero de su madre, luchando por sobrevivir en la toxicidad de donde su hermana gemela a término había muerta. No podía respirar ni digerir alimentos por sí misma, la mantuvieron en incubadoras durante un año y no se esperaba que sobreviviera. Su padre la sostenía en la palma de la mano cuando sacaron radiografías por temor a perderla, gritaba constantemente y no podía calmarse nunca. Su madre sobrevivió pero sufría de depresión posparto severa y rechazó a la niña exigente, su padre y su abuela se convirtieron en sus cuidadores.

AUTHOR'S NOTE

The Cradle

On March 10, 1954, weighing in at less than three pounds an infant girl was unexpectedly found inside her mother's womb. She was struggling to survive in the toxicity where her full-term twin sister had died. She could not breathe or digest food on her own. She was kept in incubators for a year and was not expected to survive. Her father would hold her in the palms of his hands when x-rays were taken, for fear of losing her. She screamed constantly and could not ever be soothed. Her mother survived, but she suffered from severe postpartum depression and rejected the demanding infant. The father and grandmother became the infant girl's caretakers.

UNA NOTA DE AGRADECIMIENTO

Estoy inmensamente agradecida con aquellos que inspiraron mi trabajo, apoyaron mi crecimiento como poeta y trabajaron incansablemente a mi lado para crear estas memorias. Primero, quiero dar mi más profundo agradecimiento a Frank X Walker, mi héroe, mentor e inspiración. Frank me enseñó que la poesía es un vehículo para las voces borradas entre nosotros, y creía que yo era un poeta cuando no lo creía yo. A la familia de Affrilachian Poets, quienes acunaron mis pequeños susurros hasta que pude gritar Yo soy poeta; a mi devota amiga, hermana en el viaje, y traductora Cathy Cox, quien tomó mi inconexo español y le dio sustancia; y a Virginia Underwood y Stephanie P. Underwood, quienes con gentileza y gracia ayudaron a la partera de este libro. Estoy siempre en deuda con todos ustedes. En Cuba hay un dicho: "Dime con quién estás y te diré quién eres." Hoy soy colorida, valiente, compasiva y elegante, porque eso es lo que son.

A NOTE OF GRATITUDE

I am immensely grateful to those who have inspired my work, supported my growth as a poet, and labored tirelessly alongside me to birth this memoir. First, I want to convey my deepest gratitude to Frank X Walker, my hero, mentor, and inspiration. Frank taught me that poetry is a vehicle for the erased voices amongst us, and he believed that I was a poet when I did not. To the Affrilachian Poets family, who cradled my small whispers until I could shout I am a poet; to my devoted friend, sister on the journey, and translator Cathy Cox, who took my disjointed Spanish and gave it substance; and to Virginia Underwood and Stephanie P. Underwood, who with gentleness and grace helped midwife this book. I am forever indebted to all of you. In Cuba there is a saying, "Tell me who you are with and I will tell you who you are." Today I am colorful, courageous, compassionate, and graceful, because that is who you are.

SOBRE LA AUTORA

MARTA M. MIRANDA-STRAUB es poeta y cuentista que ha pasado su vida trabajando por la igualdad y la inclusión y creando sistemas de cambio. Su activísimo ha enfocado en promover la justicia social y económica para comunidades marginadas. En *Mecida por Esqueletos: una vida en poemas y ensayos,* ella explora temas de identidades complejas y múltiples dentro de las experiencias de nacimiento, infancia, familia, exilio, trauma, adicción, resiliencia, comunidad, discriminación, y trabajo social. Es la esperanza de Marta ampliar la capacidad de los lectores de amar al *otro*, especialmente durante estas abominables olas políticas de odio, violencia y culpando a quienes buscan asilo político en los Estados Unidos.

Hasta los doce años, Marta se crió en Pinar del Río, Cuba. En 1966 emigró a Nueva Jersey con su familia. Como familia de refugiados de Cuba, fueron reasentados por Caridades Católicas en septiembre de 1966 en West New York, Nueva Jersey, con una familia patrocinadora. Dejaron su familia extendida, álbumes de fotos, juguetes, pertenencias mundanas, idioma, cultura, bandera y tierra en la isla.

ABOUT THE AUTHOR

Kevin Flores

MARTA M. MIRANDA-STRAUB is a poet and storyteller who has spent her life working toward equity and inclusion and creating systems change. Her activism has focused on advancing social and economic justice for marginalized communities. In *Cradled by Skeletons: A Life in Poems and Essays*, she explores themes of complex and multiple identities within the experiences of birth, childhood, family, exile, trauma, addiction, resilience, community, discrimination, and social justice work. It is Marta's hope to expand readers' capacity for love of *the other*, especially during these abhorrent political waves of hate, violence, and scapegoating of those seeking political asylum in the United States.

Until the age of twelve Marta was raised in Pinar del Rio, Cuba. In 1966 she immigrated to New Jersey with her family. As a refugee family from Cuba, they were resettled by Catholic Charities in September 1966

Marta ahora vive y trabaja en Louisville, Kentucky, y se describe cariñosamente como Cubalachian, una mezcla de cubana y apalache. Cuando llegó a Kentucky y vio la belleza de las "montañas viejas y gastadas," ella "sabía que podía ser estadounidense, cubanoamericana, siempre y cuando pudiera vivir y morir en Kentucky."

Marta es una mujer latinx queer que vive y trabaja en la intersección de identidades, étnica, raza, género y sexualidad—aplicando una lente feminista interseccional a todo lo que hace. Tiene más de cuarenta años de experiencia en la práctica del trabajo social organizacional y clínico, durante el cual ha desempeñado múltiples funciones, como profesora, investigadora social, autora, psicoterapeuta, líder ejecutiva, profesional de recaudación de fondos, organizadora comunitaria, defensora / activista, coach ejecutiva, facilitador, capacitador y orador público.

Frank X Walker la introdujo en los poetas affrilachian en 2009. Marta ha leído y realizado poesías e historias a nivel nacional en universidades, lugares literarios, conferencias, marchas y manifestaciones.

in West New York, New Jersey, with a sponsor family. They left their extended family, photo albums, toys, worldly belongings, language, culture, flag, and land on the island.

Marta now lives and works in Louisville, Kentucky, and she describes herself affectionately as a *Cubalachian*—a combination of Cuban and Appalachian. When she arrived in Kentucky and saw the beauty of the "old and worn mountains" she "knew that [she] could be an American, a Cuban-American, as long as [she] could live and die in Kentucky."

Marta is a queer Latinx woman who lives and works at the intersection of identities, ethnicity, race, gender, and sexualities—applying an intersectional feminist lens to all she does. She has over forty years of experience in organizational and clinical social work practice, during which she has held multiple roles, including professor, social researcher, author, psychotherapist, executive leader, fundraising professional, community organizer, advocate/activist, executive coach, facilitator, trainer, and public speaker.

She was inducted into the Affrilachian Poets by Frank X Walker in 2009. Marta has read and performed poetry and stories nationally at universities, literary venues, conferences, marches, and rallies.

Printed in the USA
CPSIA information can be obtained
at www.ICGtesting.com
LVHW090314290524
781598LV00025B/267